◆印は不明確な年号、ころの意味です。

アジア・アフリカ	日本の動き	西暦
		1495
1498 バスコ・ダ・ガマ、インド〇		1500
1517 トルコ＝エジプトのマムルー〇〇〇〇〇〇〇〇〇〇〇〇〇〇〇〇〇カリフ制はじまる（セリム）	戦国時代の混乱つづく　安土・桃山時代　江戸時代	
1520 スイレマン1世（大帝）即〇		
1526 第1次パーニーパットの戦い　ムガル帝国成立		
◆ 明＝モンゴルと倭寇に苦しむ（北虜南倭）		
1528 王陽明死		
1538 プレベザの海戦　トルコが地中海を制圧		
1542 フランシスコ・ザビエル、インドで伝道開始		
◆ 明＝一条鞭法の実施はじまる		
1556 アクバル大帝即位　ムガル帝国全盛期はじまる		
1571 レパントの海戦　オスマン・トルコ軍敗北		
1583 女真族のヌルハチ、中国東北部で挙兵		
1600 イギリス東インド会社設立		1600
1602 マテオ・リッチ『坤輿万国全図』 オランダ東インド会社設立		
1605 アクバル大帝死		
1616 中国東北部に後金成立　太祖ヌルハチ即位		
1619 サルフの戦い　ヌルハチ明を破る オランダ＝ジャワにバタビア市を建設		
1631 李自成の乱→1644 明滅亡		
1632 ◆タージ・マハルの造営はじまる（―1653）		
1633 イギリス＝インドのベンガル地方へ進出はじめる		
1636 後金＝国号を清とあらためる		
1644 清軍、李自成を破り、北京を首都として中国支配をはじめる		
		1650

ヨーロッパ文明・キリスト教の伝来　自治都市が発達

目　次

ミケランジェロ	文・有吉忠行 絵・高山　洋	…………… 6
レオナルド・ダ・ビンチ	文・浜　祥子 絵・岩本暁顕	…………… 20
ガリレオ	文・浜　祥子 絵・中渡治孝	…………… 34
コペルニクス	文 加藤貞治　絵 小林征夫	………… 48
ラファエロ	文 加藤貞治	………… 50
ベサリウス	文 加藤貞治　絵 槇　隆夫	………… 52
エリザベス１世	文 加藤貞治　絵 槇　隆夫	………… 54
モンテーニュ	文 加藤貞治　絵 槇　隆夫	………… 56
セルバンテス	文 加藤貞治　絵 槇　隆夫	………… 58
シェークスピア	文 加藤貞治　絵 槇　隆夫	………… 60
読書の手びき	文 子ども文化研究所	………… 62

せかい伝記図書館 5

ミケランジェロ
レオナルド・ダ・ビンチ
ガリレオ

ミケランジェロ

(1475—1564)

西洋近代の入り口にあって、人間の感情や肉体の美しさを力強く表現した大芸術家。

●生まれたときから、のみを手に

　いまからおよそ500年まえ、14世紀から16世紀にかけてのヨーロッパに、人間の心をたいせつにして、自由にのびのびと表現する芸術が盛んになりました。のちに、ルネサンスとよばれるようになった文化運動です。
　偉大な画家、彫刻家、そして建築家として名を残したミケランジェロ・ブオナロッチは、そのルネサンス時代なかごろの1475年に、イタリア中部のフィレンツェに近いカプレーゼという町で生まれました。
　このころのイタリアは、まだ、ひとつの国としてまとまらず、都市ごとに、いくつもの国に分かれていました。フィレンツェも、大金持ちのメディチ家が支配する小さな国でした。
　ミケランジェロの父親は、この国の警察長官でした。

　ミケランジェロは、生まれるとまもなく、しんせきの大理石工の家にあずけられました。母親はからだがよわく、それに家には、もうひとり１歳半の子どもがいたため、里子にだされたのです。そして、それから４年間、大理石とのみをおもちゃにしながら育ちました。母は、そのご３人の男の子を産んで26歳の若さで亡くなり、わが家にもどったミケランジェロが母にあまえられたのは、わずか２年だけでした。

　でも、石工の家にあずけられたことは、のちの彫刻家ミケランジェロにとっては、しあわせなことでした。

　ミケランジェロは、６歳で小学校に入学しました。と

ころが、学校の勉強はあまりすきになれず、絵をかいたり、ねんど細工をしたり、石に彫刻のまねをしたりすることに、むちゅうになりました。

　10歳をすぎると、友だちをびっくりさせるほどの絵をかくようになりました。しかし、絵をかくのは、父にはひみつでした。古い貴族の家がらを誇りにして、画家や彫刻家などは身分のいやしいただの職人だと思いこんでいる父が、わが子の絵の勉強をゆるしてくれるはずがなかったからです。

「ぼくは、なんとかして芸術家になりたい」

　ミケランジェロは、父の反対が強ければ強いほど、なおいっそう、芸術家への夢をふくらませました。

●父の反対に負けず芸術家の道へ

　父にしかられながら自分の意志をつらぬきとおしたミケランジェロは、13歳で画家ギルランダイヨの弟子入りがゆるされ、学業をすてて芸術家への道を歩みはじめました。がんこな父も、わが子の意志のかたさに負けてしまいました。

　それから1年ののち、絵の才能を発揮しはじめていたミケランジェロは、さらにみこまれてメディチ家にやとわれ、自由に芸術の勉強ができるようになりました。

　メディチ家の広い庭には、まるで屋根のない美術館のように、すばらしい大理石の像が立ち並んでいました。
　また、メディチ家には、いつも、哲学者や詩人が集まって芸術論の花をさかせていました。
　ミケランジェロは、すぐれた芸術作品に接したり、ギリシア神話や聖書を読みふけり、綿が水をすうようにいろいろなことを頭につめ込んでいきました。また、生きいきとした彫刻を作るために、教会の死体置場へでかけて人体解剖学も学びました。
　ミケランジェロは、芸術家への道に進むことができたことを、神に感謝しました。ところが、このころ、不幸

な事件が起こりました。芸術についての口論がすきだったミケランジェロは、ある日、口論のすえ、ミケランジェロの才能をねたむなかまになぐられて鼻の骨を折ってしまったのです。そして、低くまがったままになった鼻は一生なおらず、人いちばい美しいものにあこがれつづけたミケランジェロの心を、生涯、苦しめることになってしまいました。

　しかし、このけがのあとミケランジェロは、彫刻家としてのすばらしい芽をだしはじめ、15歳から17歳にかけて彫った『階段の聖母』や『ケンタウルスの戦い』は、フィレンツェの人びとを、おどろかせました。
「人間の肉体をみごとに表現できる彫刻家だ」
　芸術家たちは声をそろえてたたえ、少年ミケランジェロは、たちまちのうちに、りっぱな彫刻家として尊敬されるようになりました。

●ぬげなくなったくつ

　やがて、芸術に理解が深かったメディチ家の王が亡くなったので、ミケランジェロは20歳のときにローマへ行きました。そしてそのごは、フィレンツェとローマのあいだをなんども行ききして、絵と彫刻と建築にとりくむようになりました。

ミケランジェロ作『ダビデ』『ピエタ』

　22歳のとき、死んだキリストをだきかかえる聖母マリアの大理石像『ピエタ』を彫り、こんどはローマじゅうの人を、感激させました。

　また29歳のときには、3年がかりで彫りあげた高さ5メートルもの大理石像『ダビデ』を、フィレンツェの市庁舎の前に立て、ふたたび、ふるさとの人びとを、あっといわせました。旧約聖書にでてくる英雄ダビデの巨像は、静かな怒りにあふれ、見あげるすべての人びとに、ふしぎな勇気を与えました。

　『ダビデ』完成のあと、つづいてとりくんだ仕事はフィレンツェの市庁舎の大会議室に、壁画をかくことでした。

そ␣れも、23歳も年上の大画家レオナルド・ダ・ビンチと、うでをきそいあってかくことでした。
「ダ・ビンチは、彫刻は絵よりも低級だといっている。彫刻家は石の粉まみれになる職人だといっている。しかし、それはまちがいだ。どちらも同じ芸術だ」
ミケランジェロは、彫刻家を少しみくだしているダ・ビンチに腹をたてながら、下絵をかきはじめました。ダ・ビンチの、馬がとびはねる騎兵の戦いの下絵に対して、ミケランジェロの下絵は、はだかの兵が入りみだれた水中での戦いの絵でした。ところが、この壁画は、完成しませんでした。しかし、ふたりの下絵は、ともに、美術家の手本になるほどすばらしいものでした。
このときミケランジェロは、何か月もくつをはいたまま仕事にむちゅうになり、足からくつをとるときは、くつを切りやぶらなければなりませんでした。

●天井をむいたままの4年間

「神の力をもった、すさまじい男だ」
人びとからこのようにささやかれたミケランジェロは、仕事をはじめると、まわりの人のことも、食事も、そして寝ることさえも忘れてしまうような、ほんとうに超人的な芸術家でした。

　その超人ぶりは、ローマのバチカン宮殿システィナ礼拝堂の天井画をかく仕事で、さらに人びとをおどろかせました。およそ4年間も、上をむいたまま絵をかきつづけたのです。
「わたしは彫刻家です。画家ではありません」
　この仕事をローマ法王から命じられたとき、ミケランジェロは、はじめは強くことわりました。しかし、法王は、神の命令だといって、聞きいれませんでした。
「だれかが、むずかしい絵をかかせて失敗させ、おれを、おとしいれようとしているのかもしれない。よし、それなら、だれの壁画にも負けないものをかいてやろう」

ミケランジェロは、むりをいう法王への怒りをおさえて、仕事にとりかかりました。
　礼拝堂の天井は、高さが20メートル、横が13メートル、縦が48メートル。
　ミケランジェロは、すでに準備されていた足場をとりこわして、まず、自分で高いやぐらを組みあげました。法王がつけてくれた5人の助手は、絵の具づくりの助手ひとりのほかは、ことわりました。
「おれは、おれの力だけで、絵をかきあげるのだ」
　32歳のミケランジェロは、目もくらむようなやぐらにのぼり、たったひとりで、世界のどこにもない大天井画をかきはじめました。
　ひるも夜も、あおむけになったまま、かきつづけました。筆から絵の具がしたたり落ちて、顔はいつも、いろいろな色でまだらになっていました。仕事がはかどらないのを見て、あるとき法王が、いつ完成するのか、と聞きました。するとミケランジェロは、目を光らせて、ゆっくりと答えました。
「わたしが、まんぞくできるときです」
　これを聞いた法王は、持っていたつえをふりあげんばかりに、おこりました。でも、芸術を愛し自分の絵を信じるミケランジェロには、法王の怒りなど、少しもこわ

ミケランジェロ画『アダムの創造』

くはありませんでした。
　旧約聖書の物語「天地創造」「アダムとイブ」「ノアの洪水」などにでてくる343人もの人物を描きあげた大天井画は、およそ1500日をかけて、1512年に完成しました。さあ、いよいよ除幕の日、高い天井を見あげた人びとは、その壮大さに息をのんだまま、おどろきの声をだすのさえ、忘れてしまいました。天井を見つめた目になみだをうかべている人さえいました。
「これほど、偉大で完ぺきな絵は、ほかにはない。ミケランジェロの力には、どんな自然もかなわない」
　天井画をほめたたえることばは世界に広がり、それま

でミケランジェロの力をねたんでいた芸術家たちも、ひとりのこらず頭をさげました。

　ところが、ミケランジェロ自身には、それからしばらくのあいだ、こまったことがありました。4年間も上ばかり見つづけていたため、あごがつきでてしまい、歩くとき足もとが見えません。また、本を読むにも、本をかかえて顔の上にもってこなければなりませんでした。
「わたしは4年間、苦しさにたえられるだけたえた」
　ミケランジェロは、自分との闘いにうち勝って、永遠に残る名作を完成させることができたのです。

●神の声が聞こえる大壁画

　世界の大芸術家になったミケランジェロは、それからおよそ20年のあいだ、あるときはメディチ家や法王の墓を作らされ、あるときは教会を建てさせられ、その墓や教会をかざる数おおくの彫刻を彫りつづけました。
　ミケランジェロは、法王やメディチ家などの支配者から、わがままな仕事をおしつけられることに、いつも腹をたてました。でも、このころの芸術家は、こうして生きていくより、しかたがありませんでした。
「仕事はいいつけられても、権力には負けないぞ」
　ミケランジェロは、心のなかで、いつもこう思いつづ

けました。だからミケランジェロの彫刻には、そのおおくに、やさしさよりも、いかりがこめられています。

　シスチナ礼拝堂の大天井画を描いてから20数年ののち、60歳になっていたミケランジェロは、新法王から、こんどは同じ礼拝堂の祭だんに壁画をかくことを命じられました。このときもミケランジェロは、わたしは彫刻家だとうったえてことわりました。でも、やはり、神の代理である法王の命令にそむくわけにはいきません。
「また、自分との闘いだ」
　ミケランジェロは、芸術家の心を理解してもらえないのを悲しみながら、ふたたびひとりで大壁画『最後の審

判』の制作にとりかかりました。そして完成までには、天井画のときよりももっと長く6年以上もかかりました。

　全人類の罪と悪に対して、手をふりあげて審判をくだそうとする力づよいキリスト。そのまわりに描かれた天使や聖人と、地獄に落ちていくもの、地獄からはいあがろうとするもの。この、神の声と罪人のさけび声が聞こえてくるような『最後の審判』を見て、ローマの人びとは、またもや息をのみ、感動にうめきました。そして大天井画と大壁画にかざられたシスチナ礼拝堂は、世界にふたつとない美術の宝庫になりました。

● 世界に残した芸術の財産

　ミケランジェロは、70歳をすぎても、心にもやしつづけた芸術の火を消しませんでした。からだはおとろえても、心はおとろえず、ローマのサン・ピエトロ大聖堂をはじめ、いくつもの教会や礼拝堂の建築に力をつくしました。また、3体の『ピエタ』などの彫刻にとりくみ、絵筆のかわりにペンをにぎって詩も書きました。

　1564年2月、自分の死を予感するようになっていたミケランジェロは、3体めの『ピエタ』を彫るのみをふるっている最中にたおれ、長かった芸術家の生涯を終えました。息をひきとったのはローマでした。しかし遺体

ミケランジェロ画『最後の審判』(一部)

はフィレンツェへ持ち帰られ、ふるさとの人びとの手で、ふるさとの土に埋められました。世界に誇る大芸術家だったのに、また、あそぶことを知らずにはたらきつづけた生涯だったのに、残された財産はわずかなものでした。

しかし、自分は丸はだかで死んでも、世界の人びとに、彫刻と絵と建築のすばらしい芸術を財産に残しました。

日本の詩人で彫刻家の高村光太郎は、大天井画の下に立ったとき、感激のため息といっしょに「生きている人間があわれに見える」と、つぶやいたということです。

ミケランジェロは、偉大な芸術家であるだけではなく、人間の生と死を見つめた偉大な哲学者でもありました。

レオナルド・ダ・ビンチ

(1452—1519)

絵画、科学、音楽、建築、天文などに、多彩な能力を発揮したルネサンスの巨大な星。

●フィレンツェに芽ばえた天才

　フランスのルーブル美術館に、ルーブルの宝といわれている1枚の肖像画があります。

　ながい髪の女性が、そっとまえで手を組み、どこか遠くを見るような感じで、かすかにほほえんでいる絵です。『モナ・リザ』とよばれるこの絵を、レオナルド・ダ・ビンチがかいたのは、およそ500年もまえのことです。

　イタリアの画家レオナルドのけっさくが、なぜ、フランスのルーブル美術館にあるのか、レオナルドの足どりをたどってみましょう。

　イタリアのトスカーナ地方に、ビンチという小さな村があります。レオナルドは、この村で、1452年に生まれました。生まれて間もなく、両親は別れましたので、レオナルドは5歳になるまで、よそにあずけられて育ち

ました。やっと、父のところにもどったときには、新しい母がいました。その母には、子どもがなかったので、レオナルドはひとりっ子としてかわいがられ、ブドウ畑の中をとびまわる元気な少年に育ちました。

しかし、ビンチ村のほかの少年とちがっていたのは、自然を観察することがとびぬけて好きだったことです。草や木や花、鳥や馬など、まわりにあるものを、じっと見つめ、それをじょうずに絵にしました。

「こいつは、ベロッキオの工房にいれよう」

息子の絵のうまさにおどろいて、父親は、レオナルドが14歳になると、さっそくフィレンツェのベロッキオ

先生のところに、弟子いりさせました。

　工房というのは、美術学校のようなものですが、少しちがっています。先生と弟子が、家族のように暮らし、先生のところにたのまれてくる仕事を、弟子たちもみんなで協力して仕上げるのです。そうして、何年も先生のそばでうでをみがき、やがて職人（ものを作る人）として、ひとりだちしていくのです。

　レオナルドの絵の正確さは、弟子たちのあいだでも、とびぬけていました。

　あるとき、先生の作品のかたすみに、レオナルドはひとりの天使をかきました。

　その絵はすばらしく、弟子のかいたものだと気づく人はいませんでした。ベロッキオは、レオナルドの才能にすごいショックをうけ、それ以来、絵をやめて彫刻に力を入れたということです。

● スケッチ魔

　騎馬像を作る仕事がはいり、ベロッキオは、ベネチアへ行ってしまいました。

　名のある画家や彫刻家が、いい仕事を求めて、ひとり、ふたりとフィレンツェからいなくなりました。

　このころの芸術家は、王室や貴族のお金の援助がなけ

れば仕事はできません。そのために、自分の才能を認め、大きな仕事を与えてくれるパトロン（お金をだしてくれる人）を探す必要がありました。

　レオナルドの初めてのパトロンは、ミラノの王さまでした。

　1482年、30歳のときから、ミラノでのレオナルドの活やくがはじまります。宮廷では音楽家としてリラ（小さな竪琴）をひき、建築の設計や、河川・運河などの改良にもうでをふるい、めざましいはたらきをしました。

　このころの、大きな絵の仕事は、寺院のかべにかいた『岩くつの聖母』と『最後の晩さん』です。『岩くつの聖

母』の天使は、以前にもまして、自信にみちた筆でかかれています。全体の構図、光と影のぐあい、線をぼかすやり方など、いままでの画家がしなかったくふうがなされ、新しい絵として注目されました。

　1489年ごろから、ミラノ公に命じられて、記念碑の制作にとりかかります。記念碑は、公の父フランチェスコが馬にまたがっている彫像です。レオナルドは、10歳のサライを弟子にして、さっそく、馬の研究にとりかかりました。

「サライよ、馬を知りたければ、まず、馬をよく見ることだ。そして、見たままをスケッチする」

「はい！　先生」

「頭でかくのはいけない。この、ふたつの目でだ！」

「はい！　先生」

　レオナルドのスケッチのスピードは、ものすごいものでした。走っている馬を、つぎつぎにスケッチしてしまうのですから。しっかり物を見すえ、馬の動きをひとつひとつとらえていくその確かさ。速さ。それは、まるで、カメラのようでした。もちろん、カメラなどない500年も前のことです。

　スケッチは、馬の筋肉、ひづめ、歯ならび、骨組み、ついには解剖図にまでおよび、レオナルドの探究は、行

きつくところがありません。

　とうとう、騎馬像はフランチェスコの記念祭には間にあわず、宮廷の入り口には未完成の像がかざられました。

　やがて、この騎馬像の原型は、イタリアにせめこんできたフランス軍のてっぽうの的にされ、こわされてしまいます。

● 『最後の晩さん』にとりくむ

　レオナルドは左ききで、鏡文字を書きました。鏡にうつして、はじめて正常に読める文字です。その読みにくい文字で、たくさんのメモや日記や絵画論を書き記して

います。しかし、自分の生いたちや家族については、ほとんど何も書き残していません。

レオナルドは、結婚もせず、人生の大半を、弟子のサライと暮らしました。レオナルドがおとなになってから、父親は何度も結婚をくりかえし、たくさん子どもをもうけました。そんな父の家は、もう、レオナルドの帰る所ではなかったのでしょう。

レオナルドが、いつも貧しかったことは、お金のやりくりがこまかに記されたメモからもわかります。それもそのはず、注文の作品が少しもできあがらないのですから、まとまったお金が、はいるはずはありません。

サンタ・マリア・デラ・グラチエ修道院の『最後の晩さん』は、お金のためにもなんとしても完成させなければならない仕事です。

キリストをかこむ12人の顔を、それぞれの人間の性格がにじみでるようにかくのが、レオナルドのねらいでした。そのためには、やはりこまかな人間観察が必要です。

善良な顔、おこった顔、悪がしこい顔などを研究するには、人ごみのなかに限ります。レオナルドは、サライをつれて1日じゅう街を歩きまわり、行きかう人の顔をスケッチしました。

下絵がきまると、大食堂のかべのまえにやぐらを組み、

その上にのぼって、もくもくとかき続けます。
　ミラノ公が、とちゅうでのぞきにきても、なかに入れません。
　むちゅうになると、食事をするのも忘れ、レオナルドは絵の具だらけになってかべにむかっています。しかし、気のりのしない日は、4時間も5時間も、かべをじっとにらんだまま、1日が暮れていきます。
　こうして、『最後の晩さん』が完成するまでには、4年の歳月がかかりました。
　横9メートル、高さ4メートルの壮大な壁画のまえからやぐらをはずしたとき、レオナルドは45歳になって

おり、弟子のサライは、17歳の青年に成長していました。

● リザ夫人の肖像

　戦火のはげしくなったミラノからのがれて、1500年、18年ぶりでもどってきたフィレンツェは、すっかり、むかしとかわっていました。

　ベロッキオも、すでにこの世にはなく、あのころの仲間たちも、ほとんどフィレンツェにはいません。

「先生、この町は、どこもミケランジェロのうわさでもちきりですね」

　若い彫刻家ミケランジェロの人気は大変なものでした。

　サライは、気が気ではありません。

　フィレンツェにきて、初めてたのまれた『聖アンナ』の仕事に先生がなかなかとりかかろうとしないからです。

　いつもの悪いくせで、スケッチをくりかえしているうちに、興味がほかの方に移ってしまうのです。ですからノートには、天使やマリアのデッサンのそばに、水車の構造がかいてあったり、数式がびっしりならんでいるというありさまです。

　そのころ、レオナルドは自分のアトリエで、ひとりの女性の肖像画をかきはじめていました。

「先生が、肖像画をひきうけるなんて、めずらしい

……」

　ほんとうに、それはめずらしいことでした。

　いままで、レオナルドに自分の肖像画をかかせようとした貴婦人は、おおぜいいました。しかし、気がむかなければ、レオナルドはどんな身分の高い人の注文にも応じようとはしなかったのです。

　モデルは、政治家の若い奥さんでリザといいました。

　リザは、レオナルドがむかしすきだった人に、とても似ていたのだともいわれています。

　リザのために、アトリエは改造され、光線をやわらげるため、カーテンがつけられました。となりのへやに、楽師ま

でよびよせ、音楽をかなでさせるほどです。やはり、リザはレオナルドにとって、ただのモデルではなかったようです。
　いままで感じたことのない情熱が、レオナルドの筆をつき動かしていました。
　若いサライにも、それが伝わってくるのです。
（これは、レオナルド先生の、たいへんなけっさくになるにちがいない！）

●絵のうでくらべ

　こうして、リザの肖像画にあけ暮れているところに、大きな仕事がはいりました。フィレンツェ市庁舎の会議室に壁画をかくのです。しかも、となりのかべには、あのミケランジェロがかくというのです。
「レオナルドとミケランジェロが、絵のうでくらべをするそうだ」
「そりゃ、なんといってもレオナルドにかなうまい」
「いや、ミケランジェロこそ、またとない天才だ」
　52歳のレオナルドと29歳のミケランジェロを、まるでライバルのようにしたてていったのは、フィレンツェの市民たちでした。
「先生、こんどは、あまり深くお考えにならずに……」
　なんとかして、先生の絵を完成にこぎつけたいと、サ

ライは必死でした。
　しかし、サライの願いもむなしく、せっかくできあがった下絵が、あらしのためにはがれ落ちてしまったり、絵の具が流れだしたりしたため、壁画は中止せざるを得なくなりました。
　さらに、レオナルドをうちのめしたのは、リザのとつぜんの死でした。
　リザの肖像画は、まだ右手が仕上がっていませんでしたが、レオナルドは、その絵を『モナ・リザ』と名づけました。リザ夫人という意味です。レオナルドが『モナ・リザ』を持ってフィレンツェをはなれたのは、その後ま

もなくのことです。

● パトロンをもとめて

　ミラノにもどったレオナルドとサライは、修道院の壁画を見て、びっくりしてしまいました。10年まえ、ミラノ市民の絶賛をあびた『最後の晩さん』が、むざんなすがたを、そこにさらしていたからです。

「戦争って、ひどいですね。先生……」

　レオナルドの心は、ミラノにきてもいっこうに晴れません。ミラノはもはや、芸術を愛する都ではなくなっていたのです。

　レオナルドは、ローマにむかいました。

　いまや、ローマは、フィレンツェをしのいで、ルネサンス文化の中心です。ミケランジェロもラファエロも、それぞれローマで大きな仕事をしていました。

　60歳を越えていましたが、レオナルドは、やりたいことがたくさんありました。まだまだ、じゅうぶん力をだしきってないという、いらだたしさがありました。

　しかし、飛行機や潜水服などの研究が、500年もまえの時代に受けいれられるはずがありません。人間が空を飛ぶなどという考えは、笑い話でしかなかったのです。

　レオナルドは、生まれてくるのが早すぎたのでした。

　レオナルドをむかえいれてくれたローマのバチカン宮も、奇妙な研究の数かずに、だんだんあいそをつかすようになります。

　レオナルドが、あまりに大きすぎ、時代の先を歩きすぎたのでした。

　最後のパトロン、フランソア1世にあたたかくむかえられ、レオナルドが67年の生涯を終えたのは、フランスのクルー城でした。

　いつも手ばなすことなく持ち歩いた『モナ・リザ』は、こうしてアルプスを越え、フランス王のもとに残されたのです。

ガリレオ

（1564—1642）

実験と観察を土台に数かずの発見や発明を残し、「近代物理学の父」といわれる大科学者。

●医学に失望して

1564年の2月12日、イタリアのちいさな町ピサに、ひとりの男の子が生まれました。父親のビンチェンチオ・ガリレイは、初めてのわが子を、ガリレオと名づけました。ビンチェンチオは、すぐれた音楽家でした。音楽に関する本もいくつか書いていましたが、それだけではとても生活してはいけません。そのため、服地を売る商売をしていました。

ガリレオにつづいて、妹や弟が生まれると、生活はいっそう苦しくなるばかりです。商売が思うようにいかないので、母のぐちはたえません。両親のいいあらそいが始まると、ガリレオは、だまっておもてへでて行くくせがついてしまいました。

父は商売がうまくありませんでした。

　ひまをみつけては、リュート（ギターのような楽器）をひいています。父のかなでるリュートの、どこか悲しげな、その音色が、ガリレオはすきでした。
　医者になるように父にすすめられて、ピサ大学に入学したガリレオは、はじめのうちは、まじめに勉強しました。しかし、そのうち、だんだん医学がいやになってきました。
　神のみ心に反するからといって、人間の解剖も禁止されています。実験など、なにひとつしないで、アリストテレスの本を暗記するだけの医学の勉強に、ガリレオは、あきあきしていたのです。

そのころの学者たちは、アリストテレスをまるで神さまのように尊敬していました。ギリシアで2000年もまえにうちたてられた学説なのに、疑いをもつものなど、だれひとりとしていなかったのです。また、キリスト教が、この学説を、神学の中にとりいれていましたので、アリストテレスを否定するものは、聖書をけがすものとしてひなんされました。

　ガリレオは、アリストテレスよりも、アルキメデスに強くひかれていました。

　金の王冠に、銀のまぜものが入っていることを、水の中に王冠をしずめる実験で、みごとにみぬき、「アルキメデスの原理」を発見した人です。観察と実験をもとにして、事実をたしかめていくアルキメデスの研究のしかたが、若いガリレオの心をとらえたのです。

● **小さな実験室**

　ガリレオは、なんでも、たしかめてみなければ気がすみませんでした。

　あるとき、教会のランプがゆれるのを見ていて、大きくゆれても小さくゆれても、ゆれる時間が同じことに、ガリレオは気がつきました。家にとんで帰って、さっそく実験にとりかかりました。同じ長さのひもを、なん本

も天井からつるし小石を結びつけて、なん回もなん回もゆらしてみました。

「1、2、3、4、5……」

「1、2、3、4、5……」

自分の手首の脈で、時間をはかります。

どのふりこも、だんだんゆれかたは小さくなっていきますが、左右にゆれる時間は、ゆれかたが大きいときも小さいときも、かわりありません。

これは、「ふりこの等時性」という重大な発見でした。

アリストテレスやアルキメデスの本にも、書いてはありません。

18歳の学生の、この発見は、町じゅうのたいへんな評判になりました。

1585年の夏、どうしても学資がくめんできず、ガリレオはピサ大学をやめ、家の手伝いをすることになりました。しかし、父親に似たのか、ガリレオはちっとも商売には熱心になれません。店番などそっちのけで、部屋にこもり、アルキメデスの本をたよりに、物理学や数学の勉強をつづけました。

ガリレオのへやは、実験のために、石ころや棒きれ、バケツやコップなどが、つぎつぎに持ちこまれ、足のふみ場もないほどです。この小さな実験室で、ガリレオは「液体比重計」を考えだしたのです。

このすばらしい発明は、イタリアじゅうの学者たちをおどろかせました。こうして、数学の力を認められ、ガリレオは、ピサ大学に、こんどは数学の先生として迎えられます。まだ、24歳の青年教師でした。

●心の自由人ガリレオ

ガリレオがピサ大学の教師だったとき、ピサの斜塔から、大小ふたつの鉄の玉を落とし、アリストテレスの落下の法則のあやまりを正したという話は有名です。

しかし、残念ながら、この話をうらづける証拠は、な

にひとつ残っていません。この実験をしたのは、大学生のころで、場所も大学の教室だったといういい伝えもあります。

　いずれにせよ、神と同じように思われていたアリストテレスの学説さえ、たしかめてみるまでは信じなかったガリレオの気はくが伝わってくるようなエピソードです。

　このように、古い考えに反発するガリレオの性格は、日ごろの生活にも、しばしば顔をだしています。

　そのころ、大学の先生は、格式ばった上等のマントを着なければなりませんでした。しかし、ガリレオは、それをまったく無視し、とくい顔で町を歩きました。

「けしからん男だ!」
「大学の先生として、ふさわしくない」
　ガリレオに対する大学の風あたりはつめたく、居心地のわるくなったピサ大学を、ガリレオは3年でやめてしまいます。
　数学と同じくらい、ガリレオが強く心をひかれていたのは、宇宙の成りたちに関することでした。
　地球が動くということを、2000年以上もまえにとなえた人はいました。しかし、その考えは、アリストテレスによってうち消され、「地球は動かず、まわりの太陽や月や星が動いている」という、天動説が正しいとされてきたのです。
　ガリレオは、それが、どうしてもなっとくできません。
　そんなガリレオに、強い感動を与えたのが、1さつの本でした。コペルニクスの『天球の回転について』です。
「なんてすばらしい本だろう。やっぱり地球は動いているんだ。宇宙の中心は、地球ではなく、太陽なんだ」
　目のまえが、明るくひらけていくようです。
「なんにもとらわれない心で、自由に考えることだ。そうすると、まるで逆のことが本当だったりするんだ」
　きのうまでの、まわりのけしきが、ガリレオには、まるで違った新鮮なものに見えてくるのでした。

●職人の町ベネチアへ

　1592年、ガリレオはパドバ大学の教授になりました。パドバ大学は、フィレンツェのずっと北の、ベネチア共和国にあり、古くからの伝統をほこる名門でした。

　コペルニクスも、100年ほどまえに、この大学で学んでいます。

「こんどこそ、すきな研究に、せいいっぱいうちこめる。天文学についても、とことん究明できるだろう」

　ガリレオは、新しい地に、大きな期待をいだいてフィレンツェをあとにしました。

ベネチアは、いいところでした。サグレドという親友もできました。結婚もし、子どももできました。研究も進み、比例コンパスや温度計の発明で、暮らしもずいぶんゆたかになりました。ガリレオの人生で、いちばんいい時代だったかもしれません。

　ベネチアはガラス細工の町です。勉学のあいまに、町にでかけていき、職人の仕事ぶりを、じっとそばで見ていると、時のたつのも忘れてしまいます。手や足を動かし、汗まみれになって作りだされるガラス工芸品。職人の仕事場は、ガリレオの研究をしげきし、力づけました。

　ガリレオが、コペルニクスの地動説をなんとかして証明したいと苦心しているころ、同じイタリアに、地動説は正しいと発表した修道士（ぼうさん）がいました。

　その人は、ジョルダーノ・ブルーノといい、各地をまわりコペルニクスの説を広めて歩いたために、とうとうローマ教会につかまえられてしまいました。

　そして、1600年、火あぶりの刑が下されたのです。

「正しさをまげて生きのびるより、正しさをつらぬきとおして死ぬほうがましだ」

　ブルーノが最期にいったというこのことばに、ガリレオは胸がしめつけられました。

　（いつかは、わたしも、ブルーノのようになるかも

……)

● まほうの遠めがね

 オランダのめがね屋が、2枚のレンズを組みあわせて、物が大きく見える、ふしぎな遠めがねを作ったといううわさが広がりました。
 1609年、ガリレオもさっそく作ってみました。つつの両端に、凸レンズと凹レンズをはめこみ、3倍に見える遠めがねができあがりました。
 これに熱中したガリレオが、改良をかさね、8倍の望遠鏡として完成するのに、さして時間はかかりませんで

した。サン・マルコ寺院のかねつき堂で公開されたとき、望遠鏡をのぞいた人びとは、腰がぬけるほどおどろきました。

遠くに浮かぶ小さなゴンドラが、まるで、手でさわれるほど近くに見えるのですから。

人びとは、まほうの遠めがねだといっておそれ、おどろき、そして熱狂しました。

ガリレオの期待は、夜空にありました。

20倍にも性能を高めた望遠鏡を庭にすえつけると、夜を待って、天にレンズをむけたのです。

「望遠鏡は、なんてすごいんだろう！」

いままで、肉眼では見えなかったところに、たくさんの星が輝いているのです。それは、いままで人間の目にふれることなく、ずっとそこで輝きつづけていた星たちです。

天の川は、もっと、ガリレオをおどろかせました。

「水蒸気の集まりなんかじゃない。星だ。たくさんの星の集まりだったんだ！」

月を見ました。

「なんということだ。月の表面は、地球のように、でこぼこしている。鏡のようになめらかな球形だなんて、とんでもない！」

夜空に望遠鏡をむけるたびに、息がつまるほどの発見

が、つぎつぎにあらわれます。そのたびガリレオは、かじかむ手にペンをにぎり、こまかくメモをつづけました。

木星のまわりの4つの衛星は、こうしてガリレオによって発見されました。

くる日もくる日も、寒い冬の夜を、ガリレオは屋外ですごしました。45歳のからだに、冬の冷気は無理だったのでしょうか。ガリレオは、このころから、ひどい神経痛とリューマチになやまされるようになります。

●それでも地球はまわっている

いまや、ガリレオの名は、ヨーロッパじゅうに広まっ

ていました。ふるさとの、フィレンツェの人が、だまっているはずはありません。まもなく、ピサ大学の、特別教授として迎えたいという話が入りました。

　18年住んだこのベネチアが、ガリレオはとても気に入っていました。しかし、なんといっても、フィレンツェはふるさとです。

　妻とわかれた心のいたでもあり、いっそう、ふるさとへ心がかたむいていたのかもしれません。

　1610年の秋、ガリレオはフィレンツェに帰りました。それから間もなくして、また、大きな発見をします。金星のみちかけと太陽の黒点です。

　地動説の正しさを公表するチャンスをねらっていたガリレオに、たいへんショックなできごとがおこりました。

　コペルニクスの本を読んだり、地動説を唱えることを、ローマ教会が禁止したのです。1616年のことです。

　ガリレオはしんぼう強く待ちました。

　そうして16年の歳月が流れ、1632年になって、ようやくガリレオの本『天文対話』は出版されました。

　本は、たちまち評判になり、ほめる人も、たくさんいましたが、まゆをしかめ、反対する人も、おおぜいいました。

　そして4か月後、ローマ教会は、神の名をけがすものだとして、この本を発売禁止にし、ガリレオを宗教裁判

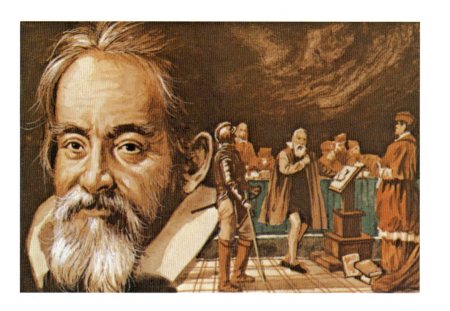

にかけることにしたのです。
　ガリレオは69歳、リューマチでからだが不自由なうえ目もだいぶ悪くなっていました。
　裁判は3か月にもわたりました。きびしいじんもんがつづき、ついには
「地球は動かない。地動説はまちがっている」
　という文に、むりやりにサインをさせられました。
　役人がでていってしまうと、ふるえるからだの奥からしぼり出すような声で、ガリレオはつぶやきました。
「それでも、地球は、まわっている……」

コペルニクス (1473—1543)

　地球は宇宙のまんなかにあって動かず、太陽もほかの星も、みんな地球を中心にまわっている、というのが「天動説」です。16世紀はじめころまでは、そのように信じられていました。はんたいに「地動説」は、太陽が中心にあって、そのまわりを惑星がまわっているというものです。これをはっきり証明したのが、ポーランドの天文学者ニコラウス・コペルニクスです。

　コペルニクスは、ポーランドのトルンという町に生まれました。10歳のとき父が亡くなり、おじルカスのもとにあずけられました。ルカスは教会の司教でしたので、コペルニクスも神父にさせようと、18歳のとき首都クラクフの大学にやりました。大学で、コペルニクスは神学や哲学より数学とか天文学にきょうみをもつようになりました。世界のなぞをときあかすような学問をしたいというのが、コペルニクスの夢でした。

　コペルニクスはクラクフ大学を卒業すると、イタリアにいきボローニャ大学にはいりました。ここで、天文学者ノバラ教授の指導をうけ、科学的な天文観測をならいました。イタリアでは、パドバ大学とフェラーラ大学でもまなんでいます。ポーランドのこきょうにもどってきたのは、1505年、32歳のときでした。

　ポーランドに帰ったコペルニクスは、おじのルカスが司教をしていた教会の神父になりました。いろいろな大学で学問をおさめたコペルニクスは、医学や政治、経済の学者としても信者から尊敬されました。

　いっぽうでは、まいにち天体観測をつづけ、天動説はどうしてもつじつまがあわないということに、確信を深めました。そ

して、観測の計算の結果を論文に書き記していきました。原稿は1530年ころに、ほぼできあがりましたが、コペルニクスは、これを本にするのをためらいました。ローマ法王の目がきびしい時代です。天地をさかさまにするような新学説をとなえることは、たいへん勇気のいることでした。

　ある日、コペルニクスのところへ、レティクスというドイツの数学教授がたずねてきました。レティクスはかねてから、コペルニクスの研究を知っていました。そして、コペルニクスの部屋にあった原稿を読み、ぜひ出版するようすすめました。コペルニクスも、ようやく決心がつき、原稿を出版社におくりました。やがて、『天球の回転について』の学説は、これまでの天文学をいっきょに新しい時代へむかわせます。しかし、この本ができあがってきた日、1543年5月24日、コペルニクスは本のページをめくることもなく、70歳の生涯を終えました。

ラファエロ (1483—1520)

　ダ・ビンチ、ミケランジェロ、ラファエロといえば、16世紀イタリアのルネサンス時代に、芸術の腕をきそった巨匠たちです。いまにのこる作品から、それぞれの個性のちがいをみることができます。ラファエロの絵には、心やさしい清らかな性格がうかがわれます。ラファエロがルネサンス美術の完成者といわれるのは、すなおな心で、ほかの大家たちの技巧をうけいれ、自分の作品に調和させる努力をしたからです。聖母の画家ともよばれます。『美しい庭の聖母』『小いすの聖母』『システィナの聖母』などおおくの聖母像をかきのこしました。聖母マリアに感じられるあたたかみ、清らかさは、ラファエロの心そのものであったようです。

　ラファエロ・サンチョは、中部イタリアのウルビノという高原の町に生まれました。詩人であり画家であった父から絵の手ほどきをうけて育ちました。12歳のときからウルビノ派の画家ペルジーノについてまなび、17歳ごろにはペルジーノの壁画制作をてつだうまでになりました。芸術の都フィレンツェにでてきたのは、1504年、21歳のときです。ダ・ビンチもミケランジェロも、すでに名声をはくしていました。ラファエロは、この二人のえいきょうを強くうけ、画面構成や明暗法などの技巧をまなびとりました。3角形構図による聖母子像をたくさんかいたのも、フィレンツェへきてまもないころです。

　5年ごには、建築家ブラマンテによばれてローマへいきました。そして、法王ユリウス2世のもとで、バチカン宮殿の天井画や壁画をかくことになりました。ラファエロは、『聖体の論

ラファエロ画『自画像』『小いすの聖母』

議』や『アテネの学堂』などの大画面を、2年がかりで完成させました。いまにのこる代表作です。これによってラファエロの名声はいっきょに高まりました。

　ラファエロは、売れっ子のいそがしい身となりました。寺院のかざり絵や、壁画の制作、あるいは、貴族たちにたのまれて肖像画もかくなど、大小いろいろな仕事を手がけました。その時どきに、すぐれた画家の技法をとりいれて、自分の作品にとけこませていきました。そうしたおおらかな性格が、人びとにしたわれ、いつもたくさんの弟子たちがより集まっていました。

　ラファエロがかつやくしたのは絵だけではありません。ブラマンテの死後、残されたサンピエトロ寺院の建築をひきついだり、また古代ローマ遺跡の発掘にも業績をあげたりしました。ラファエロは絵の制作中に病気になってしまい、37歳の若さで生涯をとじました。1520年の誕生日でした。

ベサリウス (1514—1564)

　暗黒時代がつづいたヨーロッパの社会も、16世紀にはいると、ドイツのルターやフランスのカルバンたちが宗教改革をおこして、教会の権力をゆさぶり、学問の世界も新しい学説が古い学説をくつがえして、ようやく明るいきざしがみえはじめました。

　なかでも、1543年に出版された2さつの本は、新しい時代へみちびく手引きとなりました。コペルニクスの『天球の回転について』と、ベサリウスの『人体の構造について』という本です。コペルニクスは、出版と同時にこの世を去りましたが、ベサリウスのほうは、まだ若いときの出版でしたから、世の非難をあびて、のちのち苦労をすることになりました。

　ベサリウスは、ベルギーのブリュッセルで生まれました。小さいころから研究熱心で、ネズミやネコを解剖して内臓をしらべたりしました。医学を勉強するために、19歳のとき、パリの大学にはいりました。しかし、先生の講義は、古代ギリシアのガレヌスの説をそのままつたえるだけのもので、ベサリウスには、ものたりませんでした。自分で動物を解剖したり、人体や骨を観察したりして、研究をつづけていきました。

　1537年、23歳のベサリウスは、北イタリアのパドバ大学から医学教授としてむかえられました。ベサリウスは解剖学の研究をすすめながら、その新しい知識を学生たちに教えました。教室で人体を解剖してみせ、あやまった古い学説をひとつひとつ正していくベサリウスの講義は、学生たちを感動させ、ほかの医学者たちをおどろかせました。

　ベサリウスが『人体の構造について』という研究論文を発表

したのは、教授時代の1543年です。近代医学の基礎ともなった、すぐれた論文でしたが、当時の教会は、ベサリウスを危険思想のもち主ときめつけました。学会も、なかまの教授たちも、こぞってベサリウスを非難しました。

　大学にいられなくなったベサリウスは、やがてスペイン国王の侍医となり、マドリードにうつり住みました。そして、外科医として信頼されるようになりました。あるとき、貴族の死体を解剖しました。ところが、その人体はまだ心臓がうごいてた、といううわさが町にながれたのです。ベサリウスは、生きた人間を解剖したうたがいで、宗教裁判にかけられました。

　「聖都エルサレムにいってざんげせよ」という宣告がくだされました。ベサリウスは、エルサレムまでいきました。しかし、その帰りみち、近代医学をきりひらいた「解剖学の父」は、小さな島でさみしく亡くなりました。

エリザベス1世 (1533—1603)

「グッド・クィーン・ベス」(すばらしい女王、エリザベス)という愛称で国民からしたわれたエリザベス1世は、すぐれた知恵と強い意思をもったイギリスの女王です。エリザベスが女王の位についたのは、16世紀なかばの1558年、25歳のときです。そのご45年間イギリスをおさめ、おとろえかけていたイギリスを、世界にほこる大帝国にたてなおしました。

エリザベスは1533年に、国王ヘンリー8世の王女として生まれました。メアリーという17歳年うえの姉がいて、エリザベスが20歳のとき、メアリーが女王になりました。キリスト教が、旧教(ローマ・カトリック)と新教(プロテスタント)の2つにわかれてあらそっていた時代です。メアリー女王は旧教でしたが、エリザベスは新教の国民たちに人気がありました。それでメアリーは、エリザベスが国民たちから女王におされるのを、おそれていました。メアリーは、エリザベスをロンドン塔にとじこめ、そのご、遠くのハットフィールド宮殿に追いやってしまいました。エリザベスはこの宮殿で3年余り暮らしました。このとき語学を勉強し、ギリシア、ラテン、イタリア、フランスなどの外国語をじょうずに話せるようになりました。

1558年、メアリー女王が亡くなると、エリザベスは、イギリス女王として国民のよろこびにむかえられました。このことを、ふゆかいに思ったのが、スペイン国王のフェリペ2世です。そのころのスペインは、旧教の代表国で、新教と旧教があらそっている国の旧教徒に手をかして、国を支配しようとしていました。それまでのイギリスも、フェリペ2世の野望にあやつられ

ていたのです。女王になったエリザベスは、スペインの口だしをきっぱりとことわり、国の宗教を、新教を中心にまとめました。野望をそがれたフェリペ2世は、1588年、スペイン無敵艦隊をイギリスにむかわせ、いっきょに征服しようとしました。無敵艦隊の名のとおり、ヨーロッパでもっとも強い海軍です。しかし、スペイン軍はドレーク船長の指揮するイギリス軍にうちやぶられてしまいました。

　エリザベス1世の政治は、イギリス軍の力をいっそう強め、産業や文化の発展をはかり、国をさかえさせました。小さな島国のイギリスが、ヨーロッパの大国として、世界じゅうに名をひびかせたのです。女王は一生独身でしたから、あとつぎの子がなく、スコットランドのジェームズ国王に位をゆずりました。これによって、イングランドとスコットランドが合併し、連合王国となりました。

モンテーニュ (1533—1592)

　フランスの思想家、モンテーニュの『随想録』（エセー）は、哲学としても文学としてもすぐれた作品です。豊富な知識と、モンテーニュ自身の生活体験によって書かれたもので、人間の心をするどくみつめています。人間性と人間の生き方を探求したモラリストの文学として、近代の文芸や思想に、えいきょうをあたえました。

　モンテーニュは、フランスのボルドーに近いモンテーニュ村に生まれました。商人から貴族になった家がらで、父はボルドーの市長をつとめた人です。モンテーニュの教育には、幼児期から力がそそがれ、難しいラテン語をわずか2歳ではじめたといわれます。6歳から13歳までギエンヌ学校に学び、そのごは父のような役人になるために、法律を勉強しました。1554年、21歳のモンテーニュは、ギエンヌの裁判所で官職についたのをはじめとして、38歳になるまでつとめをつづけました。

　1569年にモンテーニュは、スペインのレーモン・スボンが書いた『自然神学』という本を、ほんやくして出版しました。この本は、人間生活の自然な心をとおして、神の存在を説きあかそうとするもので、モンテーニュの思想の土台になりました。

　そしてモンテーニュは、自分自身をみつめ、世の中や人間を深く観察するようになっていきます。人間のおろかさや弱さをすなおにわきまえ、思いあがってきめつけることをせず、つねに物事を冷静に考えようとしました。

　モンテーニュは、古めかしい考えがはばをきかす官職の生活に、いや気がさして、ふるさとへ帰っていきました。モンテー

ニュ村のやしきのなかに「世すて人の塔」を建てて、ひきこもりました。高さ13メートルほどの円筒形の建物です。下から順に礼拝堂、自分だけの寝室、書斎などがつくられ、書斎の窓からは、家族の住む家庭のようすがながめられます。役人をやめて著作生活にはいったモンテーニュは、この塔で10年ちかくも暮らしました。そしてめい想にふけりながら『随想録』を書きつづけ、1580年に2巻をまとめあげました。

『随想録』を出版したよく年の1581年に、モンテーニュはボルドーの市長にえらばれ、4年間つとめました。キリスト教の旧教徒と新教徒があらそいあって、世のなかがゆれうごいていた時代です。モンテーニュは、新教と旧教のあいだをうまくとりもって、ボルドー市の平和をたもつことに力をつくしました。市長をやめると、モンテーニュはふたたび文筆生活にもどり、1588年に『随想録』の第3巻を出版しました。

セルンバンテス (1547—1616)

　騎士道物語を読みふけっていたドン・キホーテは、いつしか自分が物語の主人公になってしまいました。よろいかぶとに身をかため、やりを持ち、よぼよぼのやせ馬にまたがって、武者修業にでかけました。けらいは、ロバにのった小作人のサンチョ・パンサです。ある農家の風車を、巨大な怪物と思いこんだキホーテは、やりをかざして、もうぜんと風車におそいかかっていきました。

　セルバンテスの小説『ドン・キホーテ』です。17世紀はじめのスペインの小説家セルバンテスは、当時流行の騎士道物語とは、ちがったかたちの読物を書こうとしました。『ドン・キホーテ』では、こっけいな英雄気どりの騎士を登場させ、ユーモアあふれる話のなかで、世の中のむじゅんをするどく風刺しています。なにをやってもうまくゆかないドン・キホーテのように、セルバンテスの人生も、なかなか芽がでませんでした。

　セルバンテスは、1547年にスペインの首都マドリードに近いアルカラ・デ・エナーレスに生まれました。父は町医者でしたが暮らしは貧しく、あちこちにうつり住みました。セルバンテスは学校にもあまり通えませんでした。23歳のときにイタリアへわたり、軍隊にはいりました。1571年のレパント海戦にくわわって、セルバンテスは負傷し、一生左手がつかえなくなってしまいます。それでも、地中海の各地でいさましく戦い、スペイン海軍の司令官から表彰されたりしました。しかし、スペインに帰るとちゅう、海賊につかまってしまい、アフリカのアルジェリアで5年間も奴れい生活をつづけました。

　1580年、ようやくマドリードへもどってきました。それからも、なにをやってもうまくいきません。田園小説『ラ・ガラテア』や、戯曲『ヌマンシア』などを発表しましたが、これも、評判は良くありませんでした。セルバンテスはしかたなく、アンダルシアへいって食糧を集める役人になりました。ところが、銀行が破産したりして、ろう屋にいれられるようなしまつです。
　ほかの地へ、またほかの地へ、といったふうに10年ちかくも歩きまわったあげく、ふたたびマドリードにもどってきました。1604年、びんぼうのどん底でなかばやけっぱちで書きあげたのが『才知あふれる郷士ドン・キホーテ・デ・ラ・マンチャ』でした。これが、セルバンテス自身もびっくりするほど人気を集めました。1615年には、続編も出版しました。のちに、人間をえがいた近代小説のはじまりと評された本です。しかし、セルバンテスの生活は最後まで楽にはなりませんでした。

シェークスピア（1564—1616）

　ウィリアム・シェークスピアは、史上最大の劇作家です。さまざまな人間の、ゆれ動く心を描いて、名作をのこしました。その作品は、時代をこえて、おおくの人に感動を与えています。
　シェークスピアは、1564年に、イギリスのストラトフォード・オン・エーボンという小さな町に生まれました。父は農産物と雑貨をとりあつかう商人で、一時は成功して高い地位につきました。でも商売に失敗して家が急におちぶれてしまったので、シェークスピアは学校にあまり通えませんでした。
　シェークスピアは18歳で結婚しましたが、2年余り後には妻や子を残して、ひとりでロンドンへ行ってしまいます。
　ロンドンでは劇場の雑役から出発して、やがて俳優となり、劇作も手がけるようになりました。劇作家として第一歩をふみだしたシェークスピアは、人間のすがたをたくみに描き、一作ごとに世間の評判をたかめていきました。
　イギリスはエリザベス朝とよばれる時代です。強国だったスペインに勝って、大変景気の良い、明るい時代になりました。学問や芸術が、いっせいに活動を始めたいきいきとした空気を感じて、シェークスピアも美しい作品を発表しました。初めのころに書いた作品のおおくは喜劇です。『真夏の夜の夢』『ベニスの商人』などがあります。『ロミオとジュリエット』は青春と愛を歌いあげた悲劇です。歴史劇には『ヘンリー4世』などのイギリスの歴史からとったものと、『ジュリアス・シーザー』などプルタークの英雄伝からとったものがあります。30歳後半のシェークスピアは、人間の暗い部分をえぐりだすような悲

劇を書きました。『ハムレット』『オセロー』『マクベス』『リア王』などです。『ロミオとジュリエット』のように、人間の純粋さ、美しさを描いた作品とはちがい、いずれも人間の心の弱さやみにくさをほりさげています。

　シェークスピアは、作品を読まれるためではなく、舞台で演じられるために書きました。複雑な舞台装置などありませんでしたので、時間の経過や、場面のうつりかわりは、せりふでくふうしなければなりません。その洗練されたことばの新鮮さはいまだに失われていません。

　シェークスピアは、劇作家として、名声の点でも第一人者となっていましたが、50歳ころにとつぜん書くことをやめて、こきょうの町へ帰ってしまいました。なぜ引退したのかは、いまだに良くわかっていません。いなかの自然に囲まれて、静かにくらしたシェークスピアは、1616年、52歳で亡くなりました。

「読書の手びき」

ミケランジェロ

ミケランジェロは、まぎれもなく天才でした。しかし、その生涯は、つねに苦しみとの闘いでした。不幸がつづいたからでも、貧しい生活に追われたからでもありません。あまりにも豊かな芸術家の心をもっていたために、人や社会と、そして自分とも妥協することができず、いつも孤独な世界で自己の芸術と闘っていなければならなかったからです。彫刻や絵にとりくんでいるあいだは食事もくつをぬぐことさえも忘れていたというのは、けっして変人だったからではありません。この天才芸術家にとっては、芸術に立ちむかうことだけが、すべてだったからです。ミケランジェロは、大壁画『最後の審判』のなかに、まるで悪魔のような自分の顔を、こっそりと描いています。天才であるがためにさけることのできなかった絶望の淵から、神にすくいを求めたのではないでしょうか。ミケランジェロの生涯は、ほんとうの芸術は人間の苦しみから生まれるものだと語っているようです。

レオナルド・ダ・ビンチ

レオナルド・ダ・ビンチは、よく万能の天才といわれます。あらゆる面において秀でた才能を持っていたからでしょう。音楽に、科学に、絵画に、建築にといかんなく力を発揮したと思われるレオナルドが、その自分の偉業に決して満足することがなかったという点に、われわれは胸を打たれます。橋や兵器をつくり、1400年代に人間が空を飛ぶためのつばさまで考案しながら「自然がつくり出すものが、この世でいちばん美しく立派だ」というレオナルドのことばは、永遠のいのちを持って輝き続けるでしょう。才能と努力。それはどの偉人にでもあてはまることばです。レオナルドは、それだけではありませんでした。決して到達点を持たず、常に、追い求め探し続けた生き方こそ、レオナルドを万能の人たらしめた